1

# Der alltägliche Wahnsinn -

Humorvolle Kurzgeschichten

aus dem Ruhrpott

Ruth ZimHeck

Herstellung und Verlag:
BoD - Books on Demand, Norderstedt
ISBN 978-3-7392-0331-7

„Etwas zum Schmunzeln für zwischendurch…"

(Bemerkung der Autorin)

# Inhalt

Seite

`Lecka Wuast´                                    9

Szenen einer Ehe                               16

Begegnungen der dritten Art                    19

Der Mann, das unbekannte Wesen                 25

Absurditäten im Grünen                         27

Kultur `mal anders                             32

Historische Ereignisse                         39

Wiedersehen macht Freude                       43

`Smalltalk´ im Pott                            49

Schnitzeltag                                   52

Nachbarschaftstreffen                          55

Mit Bus und Bahn durchs Ruhrgebiet             61

# `Lecka Wuast´

Als umweltbewusste Hausfrau plagt mich das schlechte Gewissen, wenn ich an die Massen von Verpackungsmaterial denke, die wir täglich und schlimmer noch aufs Jahr gerechnet, verursachen. Die meisten unserer Müllberge entstehen aufgrund der im Supermarkt eingekauften Waren, vor allem Fleisch- und Wurstwaren, die in Folien, Papierchen und Plastik doppelt und dreifach verschweißt und vakuumverpackt sind. Hier setze ich an und deshalb kaufe ich seit geraumer Zeit einfach weniger und möglichst auch woanders.

Einmal pro Woche fahre ich jetzt zu einem Hofladen in idyllischer Umgebung, wo es eine Auswahl an gesunden und frischen Lebensmitteln gibt, die wir für eine ausgewogene Ernährung benötigen. Eier, Obst, Gemüse, es ist alles da und aus der hauseigenen Metzgerei kann ich diverse Wurst- und Fleischsorten beziehen, die nicht wesentlich teurer sind als beim Discounter, aber viel besser schmecken und außerdem wird die Ware in recyclebares Papier eingepackt.

Als ich bei meinem letzten Einkauf vor der gläsernen Theke stand und die Auslage betrachtete, sprach mich die dralle, rotwangige Fleischerei-Fachverkäuferin in gewohnter Weise an:

„Bitte schön?"

„Ich bekomme Fleischwurst, einen ganzen Ring."

„Mit oder ohne?"

„Ohne, der Hund verträgt kein Knoblauch."

„Sonst noch was?"

„Blutwurst, die ist mein Mann so gern und sie ist ja im Angebot."

„Die Blutwurst?" Die junge Fleischerei-Fachverkäuferin eilte zum Fenster, um zu sehen, was draußen auf der Tafel angeschrieben stand. Dann rief sie herüber: „Nein - Brühwurst ist im Angebot!"

„Ach so, da hab ich mich wohl vertan. Ich nehme trotzdem die Blutwurst - ungefähr ein Drittel von dem Ring da."

Nun stand sie mir gegenüber, auf der anderen Seite der Theke, und mit einem Lächeln in ihrem hoch rot gefärbten Gesicht. Mit dem Fleischermesser nahm sie Maß, drückte es an einer beliebigen Stelle der Wurst herunter und schaute mich dann fragend an. Durch die Glasscheibe konnte ich auf ihre Hände sehen und stimmte zu:

„Ja, das ist ein Drittel, das ist o.k."

Erst auf den zweiten Blick fiel mir auf, dass sie an ihrer rechten Hand, mit der sie mich bediente, einen blutigen Verband am Ringfinger trug. Mir verging sofort der Appetit. Schockiert über diese Zumutung, mich mit so einer Verletzung zu bedienen, suchte ich nach Worten, nein, vielmehr nach einer Lösung, wie ich mich aus dieser Misere heraus ziehen konnte. Mir war jetzt schon klar, dass ich diese Wurst niemals essen würde, aber hier lassen konnte ich sie ja auch nicht. Da ich nicht dazu neige, meiner Empörung lautstark Luft zu machen, was ich in dieser Situation aber gerne getan hätte, um ihr zu sagen, dass es ich es unmöglich finde mit so einer Verletzung am Finger mit Lebensmitteln rum zu hantieren, versuchte ich es auf meine freundliche Art:

„Sie sind ja verletzt! Haben sie sich etwa bei der Arbeit geschnitten?"

„Ja vorhin."

„Und trotzdem bedienen sie hier noch?"

„Was soll ich machen? Bin ja ganz alleine hier. Gleich hab ich Feierabend und dann gehe ich direkt zum Arzt."

Entsetzt schaute ich wieder auf ihren Finger, den sie abgespreizt in die Höhe hielt, um eine Berührung mit der Wurst zu vermeiden. Sie lächelte mich freundlich an und fragte erneut:

„Darf es sonst noch was sein?"

„Eh – ich weiß nicht." Eigentlich wusste ich schon, dass ich von ihr nichts mehr kaufen wollte, aber leider sah ich mich außerstande es ihr zu sagen. Nach einer kurzen Bedenkzeit stach mir noch der `magere Lachsschinken am Stück´ ins Auge, den ich eigentlich noch mitnehmen wollte und da ich nun einmal hier war, bestellte ich ihn kurzerhand. Kaum hatte ich meinen Wunsch geäußert, wurde mir klar, dass sie den Schinken mit der Maschine schneiden musste - auweia, mit einer Hand! Anfängliche Panik wich meiner Neugierde; ich war gespannt, wie sie das bewerkstelligen würde.

Die junge Frau verschwand mit dem Schinken nach hinten an die Schneidemaschine. In diesem Moment tauchte ihr Chef mit seinem rotwangigen, pickeligen Gesicht auf und versperrte mir die Sicht auf die arme Verkäuferin. Aus dem Hintergrund hörte ich sie sagen:

„Hoffentlich passiert mir das nicht nochmal. Heute Morgen habe ich die Maschine sauber gemacht und mich dabei an der Klinge geschnitten, obwohl sie still stand."

Jetzt wurde mir übel. Ich malte mir das Malheur detailliert aus und hatte plötzlich ein ungutes Gefühl in der Magengegend.

„Sonst noch was?" hörte ich sie von hinten fragen.

„Nein, das wär´s. Es reicht mir!"

Der Appetit war mir schon längst vergangen, nach der ausführlichen Schilderung ihres kleinen Unfalls verschlug es mir sogar für einen Moment die Sprache. Die Situation war so absurd, dass sich meine Empörung zwischenzeitlich in Ungläubigkeit verwandelte. Um auszutesten, ob ich das hier wirklich erlebte oder mir nur meine Phantasie einen Streich spielte, fragte ich zaghaft nach, ob bei ihrer Tätigkeit jetzt nicht ein

Plastik-Überzieher sinnvoll wäre. Sie schüttelte mit dem Kopf und meinte lapidar, es wäre keiner mehr da gewesen. Ihr noch anwesender Chef zuckte nur mit den Schultern und verschwand wieder in der Wurstküche.

Dann gingen wir gemeinsam zur Kasse. Die Verletzte tippte mit abgehobenem Finger alles ein und verlangte mit freundlicher Miene: „Zehn Euro siebzig."

Zum Glück konnte ich ihr das Geld abgezählt auf den Teller legen, damit sie keine Mühe hatte - so dachte ich. Sie aber nahm das Kleingeld in die Hand, zählte gewissenhaft nach, um es dann mit denselben Fingern in die Kasse zu legen, mit denen sie soeben noch die Wurst angefasst hatte. Freundlich reichte sie mir die beiden Tüten entgegen:

„Die Fleischwurst ist noch warm, so schmeckt sie besonders lecker ... und ab morgen ist Blutwurst im Angebot."

Mit einem aufsteigenden Gefühl im Hals rettete ich mich zum Ausgang und dachte daran, mich draußen zu übergeben.

Kaum war ich an der frischen Luft, ging es mir ein wenig besser. Der Brechreiz war weg. Schnell hielt ich Ausschau nach einem Mülleimer, in dem ich meine Einkäufe loswerden konnte. Selbstverständlich außer Sichtweite der Metzgerei, denn das wäre mir peinlich gewesen. Schließlich möchte ich hier demnächst wieder einkaufen können - ohne schlechtes Gewissen.

Doch dann besann ich mich eines Besseren: Ich nahm meine Einkäufe mit nach Hause und für unseren Hund waren die nächsten Tage ein wahrer Genuss.

## Szenen einer Ehe

Männer und Frauen sprechen nicht dieselbe Sprache, das wissen wir mittlerweile alle, und selbst nach dreißig Ehejahren ändert sich daran nichts. Das weiß ich aus eigener Erfahrung. Non-verbal klappt die Kommunikation schon besser. Wenn ich zum Beispiel die volle Mülltüte draußen vor unsere Haustür stelle, weiß mein Mann genau was er zu tun hat, sobald er nach Hause kommt oder das Haus verlässt, je nachdem. Kommentarlos und ohne weitere Aufforderung bringt er den Abfall zum Mülleimer, der alle vierzehn Tage zum Leeren an die Straße gestellt werden muss. Das ist dann wieder mein Part, denn die Abfalltermine habe nur ich im Kopf und nicht mein Mann.

Mit dem dreckigen Geschirr funktioniert es leider noch nicht so gut. Als kleinen Erfolg werte ich schon die Tatsache, dass mein Ehegatte inzwischen gelernt hat seinen schmutzigen Teller mit dem benutzten Besteck nach dem Essen in die Küche zu bringen. Die anderen Utensilien lässt er auf dem Tisch stehen. Dass er zwei Hände zum Tragen hat, scheint ihm nicht bewusst zu sein oder er ist damit einfach überfordert. Ja, das ist die Sache mit dem `Multi-Tasking´ - diese Fähigkeit, zwei oder mehrer Dinge gleichzeitig zu erledigen, soll bei Frauen ja weitaus entwickelter sein als bei den Herren der Schöpfung.

Sein Teller landet also schon mal in der Küche, allerdings stellt er ihn nicht in, sondern oben auf die Spülmaschine, damit ihn später ein `Heinzelmännchen´, sprich sein `Heinzelfrauchen´ mit dem anderen Geschirr einsortieren kann. Das ärgert mich jedes Mal. Automatisch setzt dann bei mir das `Kopfkino´ mit *Loriots* `Szenen einer Ehe´ ein, in denen Frau und Mann immer aneinander vorbeireden, was sie letztendlich in den Wahnsinn treibt.

Meine Bemühungen, meinem Mann die Unart `mit dem schmutzigen Geschirr auf der Spülmaschine´ auszutreiben, sind bisher kläglich gescheitert. Ich habe versucht ihm zu erklären, dass, wenn kein schmutziges Geschirr in der Küche herumstehen würde, er davon ausgehen könne, dass die Maschine leer sei, oder umgekehrt, wenn schmutziges Geschirr irgendwo zu sehen wäre, höchstwahrscheinlich kein Platz mehr in der Maschine gewesen sein könnte oder das Spülprogramm gerade durchgelaufen und die Maschine deshalb noch mit sauberem Geschirr gefüllt sei. Das leuchtet doch irgendwie ein oder nicht? Ja, ist es denn so schwierig, einmal nachzusehen, ob der Teller noch in die Spülmaschine passt oder nicht?

Ab und zu kommt es tatsächlich vor, dass er seinen Teller einräumt - aber auch **nur seinen** Teller. Das zuvor gebrauchte Kochgeschirr vom Herd scheint er nicht gesehen zu haben oder er lässt es mal wieder für mich, die `Heinzelfrau´, stehen. Ich weiß es doch auch nicht! Leider vergesse auch ich immer wieder den Grundsatz:

*Männer brauchen klare Ansagen, das haben wir Frauen doch inzwischen gelernt. Wir müssen ihnen klar und deutlich, ohne drumherum zu reden, mitteilen, was wir wollen beziehungsweise, was sie **für uns** tun sollen.*

# Begegnungen der dritten Art

Seit wir einen Hund haben, komme ich regelmäßig an die frische Luft und treffe dort auf viele andere Hundebesitzer. Die meisten Begegnungen sind unproblematisch und nett, aber leider kommt es auch schon mal vor, dass sich weder Hund noch Herrchen oder Frauchen riechen können und dann verlaufen die Kontakte etwas unfreundlicher.

Mit der Zeit habe ich einen Blick dafür bekommen, mit wem es klappen und mit wem es Ärger geben könnte. Vorgewarnt bin ich stets bei älteren Damen mit kleinen, weißen, plüschigen Pfiffis, die selbstverständlich nicht angeleint vor Frauchen her laufen dürfen und sich uns mit lautstarkem und aggressivem Kläffen bedrohlich nähern. Na gut, diese so genannten `Fußhupen´ hört man schon von weitem und dann kann man ihnen getrost aus dem Weg gehen. Viel schlimmer ist es auf unsichere Hundebesitzer zu treffen, die weder den eigenen noch die anderen Vierbeiner einschätzen können. Diese erkennt man daran, dass sie in einiger Entfernung ängstlich stehen bleiben und überlegen, was nun zu tun ist. Statt sich normal zu verhalten, sprich mit dem Hund an der Leine an uns vorbeizugehen oder sich einfach einen Umweg zu suchen, bleiben sie am Wegesrand stehen und starren uns biestig an. Damit ziehen sie natürlich alle Aufmerksamkeit auf sich und an solchen `Opfern´ scheint **unser** Hund ganz besonders interessiert zu sein. Er führt sich dann gerne wie ein Untier auf, knurrt bedrohlich, reißt an der Leine und wenn es ihn überkommt, je nach Tagesform, passiert es schon mal, dass er sich auf seinen Artgenossen stürzt, um diesem zu zeigen, wie man sich als Hund benimmt. Es wird wild gerangelt bis der Gegner auf dem Rücken liegt und um Gnade bittet. Die Szenerie wirkt äußerst bedrohlich, ist sie aber nicht, das weiß nur ich, nicht aber mein Gegenüber und deshalb hat das Verhalten meines Hundes natürlich ein Nachspiel: Hysterische Reaktionen und böse Beschimpfungen sind dabei noch harmlos; ernster wird es beim Ruf nach der Polizei oder bei Androhungen von rechtlichen Schritten bis hin zum `Erschießen des Köters´ und so weiter. In einer so aufgestachelten Situation wird auch gerne der Besuch einer Hundeschule empfohlen, meistens von denen, die es nicht für nötig hielten, selbst dort hinzugehen.

Wir dagegen waren mit unserem Hund lange genug in der Hundeschule, um zu wissen, was ein normales `hundisches´ Benehmen ist. Unsere Trainerin hielt es für ganz normal, wenn Rüden lautstark und kraftvoll aneinander gerieten, um ihre Rangordnung untereinander festzulegen. Ein gut sozialisierter Hund lernt dieses Verhalten schon von klein auf und weiß für sein späteres Leben wie er sich zu benehmen hat. `Beißereien´ sind dabei `Tabu´ - ein Hund, der gefährlich um sich beißt, ist nicht normal entwickelt.

Unglaublich ist, was ich mir schon an Beschimpfungen anhören musste. Dabei ist nie etwas passiert, unser Hund verhält sich einfach nur `hundisch´ und manchmal zeigt er dem anderen einfach ´wo der Hammer´ hängt. Punkt.

Noch unglaublicher ist, was ich an komischen Begegnungen, ich nenne sie `Begegnungen der dritten Art´ erlebt habe: Eine Frau, die sich samt Schäferhund und Leine um einen Baum gewickelt hatte, damit sie ihren Vierbeiner halten konnte; ein Mann, der seinen kleinen Terrier an der Leine hochriss und diesen in hohem Bogen durch die Luft fliegen ließ; eine ältere Dame, die ihren Rottweiler unangeleint ließ, weil sie ihn ohnehin nicht halten könne; oder eben die übervorsichtigen Hundehalter, die oft dazu neigen ihre Vierbeiner gleich auf den Arm zu nehmen, sobald sie uns sehen. Mit diesem Verhalten ziehen sie leider die

`Angstbeißer´ von morgen heran und wundern sich dann, wenn ihre Lieblinge mit den Artgenossen nicht mehr klar kommen. Komisch finde ich auch `Frauchen´ oder `Herrchen´, die bei unserem Anblick die Frage stellen: „Ist Ihr Hund lieb?" Ja, was soll ich darauf sagen? Meine Reaktion ist mittlerweile nur noch ein Achselzucken und ich denke mit meinen Teil: „Kommt drauf an - wenn der andere sich zu benehmen weiß, dann wird es schon gut gehen."

Früher, als unser Hund noch klein und unschuldig war, habe ich solch ein Gehabe überhaupt nicht verstanden, aber mittlerweile tendiere ich auch dazu, auf Nummer Sicher zu gehen. Unter uns Hundehaltern ist es mittlerweile Usus geworden, schon aus der Ferne mit dem anderen Kontakt aufzunehmen. Im Folgenden versuche ich ´mal so eine Begegnung zu beschreiben, wobei ich an dieser Stelle darauf hinweisen muss, dass der im Ruhrgebiet lebende Mensch dazu neigt, Wörter und Sätze auf das Nötigste zu reduzieren.

Mein Gegenüber ruft schon von weitem: „Rüde?"

Ich antworte mit einem lang gezogenen: „Jaaa!"

Der andere: „Kastriert?"

„Jaaa! Ihrer auch?", frage ich trotzig hinterher.

Mein Mann sagt an dieser Stelle immer, dass er nicht kastriert sei - als ob das jemanden interessieren würde.

Wenn der andere die Kastration seines Hundes bejaht, rufe ich zurück: „Dann ist ja alles in Ordnung!"

Beruhigt lasse ich unseren Hund dann von der Leine und ab geht die Post. Die beiden `Kastraten´ beschnuppern sich und wenn sie sich mögen, raufen und toben sie wie die Verrückten.

Die Alternative dazu ist folgender Dialog:

„Rüde?"

„Ja!"

„Kastriert?"

„Ja. Ihrer auch?"

„Nein, issen Weibchen!"

„Na, dann ist ja alles gut!"

Damit ist nicht nur alles geklärt, sondern die Welt für unseren Hund noch schöner, denn er mag die Weibchen einfach lieber.

# Der Mann, das unbekannte Wesen

Sonntagmorgen 10 Uhr 30, mein Mann und ich sind mit unserem Auto unterwegs. Wir machen wie fast an jedem Wochenende eine Fahrt ins Blaue. Schon nach wenigen Minuten erreichen wir die enge Seitenstraße, in der sich der Verkehr schwierig gestaltet, sobald ein Auto entgegenkommt.

Ein Fahrzeug kommt uns aus der anderen Richtung entgegen und macht sich breit. Es ist ein Geländewagen der gehobenen Klasse, das von einem Fahrer chauffiert wird, der wohl meint, die Straße gehöre ihm allein. Ich als Frau würde jetzt vorsichtshalber rechts ran fahren, anhalten und ihn vorbeilassen, aber mein Ehemann reagiert da anders. Er hält drauf zu, fährt zwar so weit wie möglich rechts, aber anhalten und dem anderen Platz machen käme ihm jetzt gar nicht in den Sinn.

Der andere denkt wohl genauso. Also kommt, was kommen musste: Die beiden fahren aneinander vorbei, die Autos touchieren sich und es macht „Klack, klack". Entsetzt über die Frechheit des anderen, halten beide im selben Moment an, taxieren den Schaden an ihrem eigenen Fahrzeug und setzen dann ein paar Meter zurück. Als sie auf gleicher Höhe zum Stehen kommen und sich bei herunter gelassenen Seitenfenstern in die Augen blicken können, moppert mein Mann den anderen an: „Mein Außenspiegel ist kaputt."

Daraufhin der andere: „Meiner auch."

Beide gucken `bedröppelt´ drein - und nach drei Sekunden Bedenkzeit sagt mein Ehegatte: „Ja dann noch einen schönen Sonntag!"

Der andere: „Ihnen auch - und Tschüss."

Ich versteh die Welt nicht mehr und denke: Was war das denn jetzt? So ein Gespräch kann ich mir nur bei Männern vorstellen. Kurz und schmerzlos. Auf jeden Fall ist das der Beweis dafür, dass sich Probleme auch schnell und unbürokratisch lösen lassen.

# Absurditäten im Grünen

Sonntags wandern wir gerne durch den heimischen Wald und genießen die Natur, die immer etwas zu bieten hat. Abgesehen von der Erholung an frischer Luft, erfreuen wir uns an den Wildtieren, die unseren Weg queren. Raubvögel, Fischreiher, Wildgänse, Kaninchen, Füchse, Rehe u.v.m. lassen den Eindruck entstehen, die Welt um uns herum sei noch intakt. Das macht uns gute Laune und diese geben wir dann auch gerne an Gleichgesinnte weiter. Wenn wir auf andere Wanderer treffen, grüßen wir sie freundlich. Die meisten freuen sich, erwidern den Gruß und oftmals ergibt sich dann mit diesen Fremden ein Gespräch über `Gott und die Welt´.

Manchmal trifft man aber auch auf seltsame Typen, denen ich lieber nicht begegnen wollte und schon gar nicht, wenn ich alleine unterwegs wäre. Dunkle Gestalten, missmutig drein blickend, womöglich mit Selbstgesprächen beschäftigt und mit Schirm und Stock bewaffnet – nee, muss ich nicht haben. Als misstrauischer Mensch lasse ich sie mit einem mulmigen Gefühl an mir vorbei ziehen und schaue ihnen noch einige Male hinterher, bis sie endlich aus meinem Blickfeld verschwunden sind. Man weiß ja nie, was diese Typen so im Schilde führen. Manchmal trügt aber auch der Schein; es kann vorkommen, dass sich anfängliche Miesepeter in nette Leute verwandeln, sobald man sie in ein unverbindliches Gespräch verwickelt. Aus der Erfahrung heraus würde ich sagen, dass Menschen verrückt aussehen oder sich absurd verhalten können und später entpuppen sie als ganz normale Zeitgenossen.

So eine kuriose Begegnung haben wir letztens bei einem Spaziergang mit unserem Hund erlebt:

Wir kletterten einen felsigen Hügel hinauf und oben angekommen, noch keuchend von der Anstrengung, stand `Robin Hood´ mitten auf dem schmalen Weg. Keine Statue, sondern als lebendiger Mensch in grünem Gewand mit Hütchen, mit einer Armbrust, Köcher und Pfeilen bewaffnet und das im Jahre 2013. Noch erstaunter als mein Mann und ich war unser Hund, der den Fremden nun erst einmal von allen Seiten begutachtete. Da wir glaubten, es hier mit einem zu tun zu haben, der seinem Hobby frönte, wir aber nicht einschätzen konnten, wie weit er dabei gehen würde, versuchten wir das Terrain so schnell wie möglich zu verlassen. Wer weiß, ob dieser Wahnsinnige nicht auf uns schießen würde?

Unser Vierbeiner spielte da natürlich nicht mit. Er musste erst einmal alles ausgiebig in Augenschein nehmen und sämtliche Gerüche des Mannes samt seiner Ausstattung erschnüffeln, bevor wir ihn davon überzeugen konnten, endlich weiter zu ziehen. Die Situation war völlig absurd. Dieser Typ war nicht unsympathisch, aber sein Outfit gab uns doch Rätsel auf. Besonders beunruhigend fand ich die Zielscheibe, die in einiger Entfernung an einem Baumstamm befestigt war und die er vermutlich mit seinem Geschütz zu treffen versuchte. An dieser Scheibe mussten wir zwangsläufig vorbei, wenn wir den gewohnten Trampelpfad weitergehen wollten, und dann hätten wir ihm den Rücken zuwenden müssen. Das wäre aber auch der Fall bei unserem Rückzug gewesen – so oder so, der Typ war eindeutig im Vorteil. Er hätte diesen Augenblick ausnutzen können, um uns von hinten abzuschießen und bei diesen Gedanken war mir mulmig zumute.

Aber dann fiel mir ein, dass `Robin Hood´ doch auf der Seite der Guten stand. Oder nicht? Nach kurzem Gruß zwängten wir uns an ihm vorbei und setzten unsere Wanderung fort. Sobald ich diesen komischen Typen im Nacken spürte, sah ich mich noch einmal vorsichtig um. Er stand ganz ruhig, stand da und machte keine

Anstalten uns niederzumetzeln. Nichts dergleichen passierte. Für einen Moment konnte ich aufatmen, doch schon im nächsten Augenblick trafen wir auf einen weiteren Verrückten. Diesmal war es ein junger Mann, der offensichtlich als Arzt unterwegs war. Er trug einen weißen Kittel, eine Perücke mit Glatze, ein Stethoskop um den Hals und hielt ein Sprechfunkgerät in der Hand. Der vermeintliche Doktor hatte es eilig; schwer atmend, weil er wohl zuvor gerannt war, fragte er abgehetzt, ob wir `Robin Hood´ gesehen hätten. „Ja!" antworteten mein Mann und ich wie aus einem Munde. Überrascht und gleichzeitig ein wenig amüsiert zeigten wir ihm die Richtung an: „Dort oben auf dem Hügel ist er!"

„Oh, alles klar. Danke!" Dann rannte er den Berg hoch und ward nicht mehr gesehen. Mein Mann schaute mich fragend an, worauf ich ausnahmsweise nichts zu sagen wusste. Unser Hund reagierte völlig gelassen; nach der ersten komischen Begegnung schien ihn nun nichts mehr aus der Ruhe bringen zu können.

Wir liefen bergab, immer weiter in den geheimnisvollen Wald hinein. An diesem Sonntag war hier viel mehr los als sonst: Eine Horde Kinder mit ihren Eltern streunten kreuz und quer durchs

Unterholz, einige hielten Zettel in der Hand und gaben den anderen Anweisungen, wo sie hin- und herlaufen oder nach Gegenständen suchen sollten. Alle waren engagiert dabei und hatten ihren Spaß, und dann fiel bei uns der Groschen: Offensichtlich handelte es sich um eine Schnitzeljagd, bei der es darum ging verschiedene Stationen abzuarbeiten und eine davon war die von `Robin Hood´.

# Kultur `mal anders

Als Frau mit Sinn für Kunst und Kultur sehe ich mir gerne Ausstellungen an. Also standen an einem Wochenende für meinen Mann und mich `mal wieder ein Museumsbesuch oder alternativ die Besichtigung eines altertümlichen Gebäudes auf dem Plan. Das Ruhrgebiet hat da einiges zu bieten: Neben alten Gemäuern, zumeist Ruinen aus dem Mittelalter, gibt es inzwischen in jeder Stadt Industriegeschichte zu entdecken. Da, wo früher malocht wurde, hat sich Neues entwickelt; die alten Fabrikanlagen stehen nun der Öffentlichkeit zur Verfügung und werden zur abwechslungsreichen Freizeitgestaltung genutzt: Kohle-Halden und Zechen als Aussichtsplattformen, stillgelegte Hüttenwerke als Orte der kulturellen Begegnung oder als sportliche Attraktionen zum Klettern, Tauchen oder sonstiges.

Da wir die `Route Industriekultur´ in den letzten Jahren schon ganz gut ausgekundschaftet haben, schlug ich meinem Mann vor, mal rauszufahren aus dem Pott und `Schloss Benrath´ in Düsseldorf zu besichtigen, ein architektonischen Meisterwerk, das beispielhaft den Übergang vom Barock und Rokoko zum Klassizismus zeigt.

Dort angekommen mussten wir uns gleich in die Menschenmassen einordnen, die sich hier schon früh eingefunden und vor dem Eingang versammelt hatten. Zutritt sollten bei dem hohen Besucheraufkommen nur geführte Gruppen haben. Lieber wäre es mir gewesen, wenn wir uns das ehemalige Lustschlösschen eines Kurfürsten in Eigenregie hätten ansehen können, ganz alleine, in eigenem Tempo und in Ruhe, ohne schreiende Kleinkinder oder nervige Gichtkrallen. Leider war es hier und heute anders.

Drei Studentinnen der Kunstgeschichte und Architektur stellten sich als Betreuerinnen vor und baten die Anwesenden sich in drei Gruppen aufzuteilen. Natürlich drängten die meisten Leute nach vorne, so dass die beiden ersten Gruppen gleich übervoll waren. Nacheinander gingen sie los und wir warteten erst einmal ab. Der Rest der Besucher fand sich dann in einer kleineren Menge zusammen, der wir uns bereitwillig anschlossen.

Wenig später bemerkten mein Mann und ich, dass wir von Menschen mit geistiger Behinderung umgeben waren. Offensichtlich hatten die meisten von ihnen Trisomie 21, einen Gen-Defekt, der unter anderem ein bestimmtes Aussehen zur Folge hat. „Das auch noch, alles `Mongos´“, dachte ich, denn ich muss zugeben, dass ich bis dato nicht nur Berührungsängste, sondern auch jede Menge Vorurteile hatte. Allerdings wusste ich, dass der Begriff `Mongo´ von mongolid abgeleitet war, deshalb nichts Schlechtes bedeutete und scherzhaft von den Betroffenen selbst verwendet wurde. Nun ja, unsere Behindertentruppe setzte sich als letzte endlich in Bewegung und ich ließ mich auf das kleine Abenteuer ein.

Zunächst betraten wir den Eingangsbereich. Hier wurden wir sogleich angehalten, die bereitliegenden Hausschuhe überzuziehen, um den empfindlichen Holzboden zu schonen. Als ich die Riesentreter sah, war mir sofort klar, dass wir **mit** unseren Straßenschuhen hinein schlüpfen sollten. Wem passt schon Größe Fünfundfünfzig? Außerdem war das nicht unsere erste Besichtigung, aber die anderen Teilnehmer wussten dies anscheinend nicht. Sie zogen sich allesamt die Schuhe aus, traten in die viel zu großen Pantoffel und schlurften damit über den meterlangen Flur. Wir dagegen, mein Mann und ich, mühten uns ab so normal wie möglich zu laufen, was mit den Dingern eigentlich nicht möglich war. Also passten wir uns den anderen an und schlidderten über den langen Flurboden. Es machte Spaß und wir ließen uns von der guten Laune in der Truppe einfach mitreißen. Wie Eiskunstläufer glitten wir über den alten Parkettboden, von einem Saal zum anderen und betrachteten die Schönheit der Räumlichkeiten: Viel Stuck war zu sehen und an den Decken aufwändige Malereien von alten, großen Meistern; überall hingen beeindruckende Lüster, Seidentapeten und Samtvorhänge waren zu sehen, hochwertige Holzmöbel, kunstvolle Einzelstücke aus dem 17. und 18. Jahrhundert, auf denen edle Gläser und andere Kostbarkeiten drapiert waren.

Unsere Betreuerin gab sich viel Mühe all ihr Wissen an uns weiter zu geben. Das Zuhören fiel leicht, denn die junge, attraktive Frau hatte die Begabung auf amüsante Weise zu erzählen. Fast zu jedem Ausstellungsstück fiel ihr eine kleine Anekdote aus vergangenen Zeiten ein. Als ihr Augenmerk auf einer wertvollen Porzellanvase lag, die sich auf einem Sockel mitten im Raum befand, verriet sie uns, dass es sich dabei um ein Stück aus der beachtlichen Sammlung an Frankenthaler Porzellan des Schlosses handelte. Die Vase sei eine der begehrten Preziosen des 18. Jahrhunderts und gewähre Einblicke des höfischen Lebens in dieser Zeit. Dann wendete sie sich dem nächsten Raum zu, den wir schon durch eine breite

Flügeltür betrachten konnten. Nacheinander traten wir hinein und ließen uns das Interieur des so genannten Spiegelzimmers beschreiben. Der Raum war achteckig zugeschnitten und bemerkenswert symmetrisch gestaltet: Auf der einen Seite, zum Garten hin, befanden sich große Fenster, die von der Decke bis zum Boden reichten, auf der gegenüberliegenden Seite waren Spiegel angebracht, die die Fenster und somit die schön gestaltete Gartenanlage noch einmal zeigten. Diese Symmetrie setzte sich fort, die gegenüberliegenden Seiten waren immer präzise aufeinander abgestimmt, so dass dieser Raum besonders harmonisch wirkte.

Beim Betrachten der veralteten Spiegel, die nur ein verschwommenes Bild wiedergaben, sah ich plötzlich, dass ein Teilnehmer aus unserer Gruppe zurückgeblieben war und sich nun an die soeben besprochene Blumenvase heranmachte. Erschrocken sah ich mich um. In diesem Moment hatten ihn auch die anderen entdeckt und wir starrten alle wie hypnotisiert in seine Richtung. Mit seinen beiden Armen umfasste er das dicke Ding und hob es stöhnend in die Höhe. „Boah, ist die schwer!", bemerkte er mit stolzgeschwellter Brust. Augenblicklich galt ihm nicht nur die Aufmerksamkeit der ganzen Gruppe, nein, seine Kollegen klatschten auch noch Beifall und bestärkten ihn in seinem Tun: „Hey Peter!" „Toll machs du dat!" Und seine pummelige Freundin himmelte ihn an und stellte freudestrahlend fest: „Boah Peter - bis du stark!"

Wie gebannt standen wir da, nur die junge Studentin, die inzwischen aschfahl im Gesicht geworden war, sprang dem vermeintlichen Helden entgegen, um ihm gerade noch beim Abstellen der Kostbarkeit behilflich zu sein. Nachdem sie zusammen mit Peter das wertvolle Exponat langsam auf den Sockel zurück bugsiert hatten, löste sich bei allen die Anspannung in heiteres Wohlgefallen auf. Danach ließ unsere Betreuerin keinen ihrer Schäfchen mehr aus den Augen. Wir marschierten weiter und erreichten als letztes das Jagdzimmer mit üppiger Deckenbemalung. In jeder Ecke des Raumes waren Jagdszenen abgebildet und an der Decke war ein besonders schönes Bild vom Galeriedirektor `Lambert Krahe´ zu sehen, das uns von der engagierten Studentin detailliert beschrieben wurde. „Am besten wäre es, wenn man sich `mal auf den Boden legen und von da aus schauen würde", schlug unsere Moderatorin lapidar vor. Was von ihr wohl als Spaß angedacht war, hatte in unserer Gruppe natürlich Konsequenzen.

Peter, Ilse und wie sie alle hießen, fühlten sich aufgefordert die Äußerung sofort in die Tat umzusetzen. Flugs lagen sie der Reihe nach auf dem schönen Webteppich und betrachteten in ausgelassener Stimmung die Malerei. Dabei kicherten sie vergnügt und die Blicke wechselten hin und her. Ich sah zu der jungen Kunststudentin `rüber und wunderte mich nicht, dass auch in ihrem Gesicht mehr Freude als Verdruss zu sehen war.

„Tja, warum nicht?", sagte ich zu meinem Mann, „Auf die Idee wären wir `Normalos´ ja nie gekommen". Wir grinsten uns an und waren uns einig darüber, dass diese geführte Besichtigung die beste war, die wir jemals erlebt hatten.

# Historische Ereignisse

Auch in meiner Heimatstadt Mülheim gibt es Geschichte zu entdecken, zum Beispiel im Schloss Broich, dessen Geschichte bis ins 9. Jahrhundert zurückreicht und das unter dem Einfluss der verschiedenen Epochen immer wieder baulich verändert wurde.

Wenn es nach der Mülheimer Stadtverwaltung gegangen wäre, gäbe es dieses historische Gebäude schon lange nicht mehr, denn in den 50er Jahren waren die Städte vom Krieg stark beschädigt und man versuchte durch Abriss des Altbestandes sowie der Ruinen möglichst schnell neues Bauland für funktionale und moderne Architektur zu schaffen. Denkmalpflegerische Gesichtspunkte kamen überhaupt nicht in Betracht. Zum Glück setzten sich engagierte Bürger, vor allem Mitglieder des Mülheimer Geschichtsvereins, dafür ein, dass das Schloss erhalten blieb und instand gesetzt wurde. Das Schloss grenzt an einen Freizeitbereich, der im Rahmen der MüGa, der Mülheimer Gartenschau, gestaltet wurde, die 1992 in unserer damals so benannten `sympathischen Stadt an der Ruhr´ stattgefunden hat. Der Eintritt ist frei und

Schloss sowie Parkanlage sind sehenswert und bei den Mülheimern allzeit beliebt.

Heute ist die Stadt stolz auf ein solch historisches Gebäude. Dank des Mülheimer Geschichtsvereins ist hier nun ein kleines Heimatmuseum untergebracht, in dem man sich über die Geschichte des Schlosses und der dazu gehörigen Stadthistorie informieren kann. Zu den ehemaligen Herren von Broich gehörte Graf Wirich VI. von Daun-Falkenstein, der leider das Pech hatte im 16. Jahrhundert von spanischen Truppen belagert zu werden. Anno 1598 überfielen diese das Schloss und erschossen den Grafen bei einem seiner Spaziergänge. Von der original benutzten Munition kann man sich heutzutage im Museum überzeugen.

An einem schönen, sonnigen Tag bin ich mit meinen Kindern und einem Neffen dorthin, um das Schloss von innen und außen zu besichtigen. Wir liefen durch die Ausstellung von alten Gemälden, Ritterrüstungen und Waffen, Dinge des täglichen Lebens aus einer anderen Zeit und zahlreichen Schautafeln, auf denen über die einzelnen Exponate etwas zu lesen war. Besonders interessant fanden die Kinder die anschaulichen Modelle – die ehemalige Burganlage und die alte Stadt im Kleinformat, wie bei einer Modelleisenbahn. Vor einem Sockel mit Glasaufbau blieb mein Neffe Adriaan fasziniert stehen. Unter dem Glas war auf einem roten Samtkissen eine kleine Kugel drapiert, die seine Neugierde geweckt hatte. Auf einer Tafel war zu lesen, dass es sich dabei um die Kugel handelte, mit der Graf Wirich VI. zu Tode gekommen war. Kein Wunder, denn das Ding war aus einem harten Material gefertigt, es sah aus wie ein Stein, und mit einem Durchmesser von ungefähr einem Zentimeter konnten wir uns seine durchschlagende Wirkung gut ausmalen. Den Kindern machte die Besichtigung Spaß. Wir durchschritten sämtliche Räume und zum Schluss schauten wir uns über einen hölzernen Wehrgang auch noch den Außenbereich der Anlage an.

Danach machten wir uns gut gelaunt auf den Weg nach Hause. Wir hatten gerade über den Innenhof die Schlossanlage verlassen, da kramte mein Neffe in seiner Hosentasche herum und holte etwas heraus. Er hielt mir seine geschlossene Hand unter die Nase und meinte stolz: „Hier, guck mal! Das hab ich vorhin mitgenommen!" Dann öffnete er seine Faust und zum Vorschein kam eine kleine steinerne Kugel. Ich fiel aus allen Wolken. „Was ist das denn?", brüllte ich los, „Das kann doch jetzt nicht wahr sein! Wie hast du das denn gemacht?" Mir wurde ganz komisch, Adrenalin schoss wohl in meinem Kopf und es fühlte sich an als ob mir gleich die Schädeldecke wegfliegen würde. Adriaan grinste über das ganze Gesicht und die anderen kicherten sich ins Fäustchen. „Nur nicht aufregen, dachte ich, das Problem werden wir schon lösen.

„Das geht doch nicht", versuchte ich meinem Neffen zu erklären, „du kannst doch nicht einfach die Kugel klauen. Wir müssen sie zurück bringen, möglichst sofort und unauffällig." Mir wurde ganz heiß, so aufgeregt war ich. Meine Tochter hatte wohl Mitleid mit mir. „Mama", empörte sie sich, „guck doch mal genau hin!" In diesem Moment dämmerte es mir. Ich beäugte die Kugel genauer und sie entpuppte sich als ein Klümpchen Schotter, ein einfaches Stückchen Stein, das der Junge im Schlosshof gefunden und eingesteckt hatte, um mich später damit zu foppen. „Mannoman, Adriaan!" Mir fiel ein Stein vom Herzen. „Musst du mich denn sooo erschrecken?"

# Wiedersehen macht Freude

Es gibt Tage, an denen man besser im Bett geblieben wäre... An so einem Tag wurde mein Ehemann am frühen Morgen auf dem Weg zur Arbeit in einen Autounfall verwickelt: Beim alltäglichen `stopp and go´ durch den Innenstadtverkehr bremste vor ihm einer abrupt ab, mein Ehegatte konnte noch rechtzeitig stoppen, bekam dann aber von hinten einen Schubser und wurde so auf seinen Vordermann geschoben. Nach dem ersten Schrecken stiegen alle Beteiligten aus und betrachteten ihre Fahrzeuge, die mehr oder weniger stark beschädigt waren. Unser schönes Cabrio war vorne und hinten lädiert, Totalschaden, nichts ging mehr. Die Schuldfrage war eindeutig und die Polizei musste herbei gerufen werden. Um den anderen Verkehrsteilnehmern nicht im Weg zu stehen, versuchte mein gewissenhafter Gatte unser Auto an den Straßenrand zu schieben. Dabei passierte es dann: Es war ein kalter Wintertag, Minustemperaturen, die Knochen noch steif von der Nachtruhe, die Muskeln noch nicht aufgewärmt und „Peng", da riss ihm die Achillessehne durch. Ich weiß nicht, wie er es mit dieser Verletzung und unserem Wagen noch geschafft hat nach Hause zu kommen, aber er kam zurück und mir war sofort klar, dass ich ihn zur Unfallklinik nach

Duisburg fahren musste. Gedacht, getan – ab zur Notaufnahme, sofortige Operation, eine Woche Krankenhausaufenthalt mit anschließender Reha.

Mein Mann zeigte bei allem eine Art Galgenhumor. „Nur so ließe sich alles besser ertragen", war seine Meinung und damit hatte er Recht. Der routinierte Krankenhausablauf amüsierte ihn, er scherzte mit seinem Zimmergenossen herum und ließ keine Gelegenheit aus mit den immer neuen Schwestern ein wenig zu flirten, egal wie jung oder alt, schön oder hässlich. Alles ganz harmlos, denn nach über dreißig Ehejahren weiß man das einzuordnen. Außerdem freute er sich jedes Mal, wenn ich ihn besuchte.

Seine Genesung schritt schnell voran und da der Aufenthalt im Krankenzimmer immer langweiliger wurde, machten wir uns schon am dritten Tag auf den Weg durch die Klinik und suchten die Cafeteria auf. An Laufen war allerdings noch nicht zu denken, zumal meinem Mann aus irgendwelchen Gründen noch keine Krücken zur Verfügung gestellt werden konnten; ein Rollstuhl war ebenso wenig vorhanden, also schob ich ihn in einem so genannten ´Kack-Stuhl´ durch die Gegend.

Die Cafeteria hatte den Charme einer studentischen Mensa aus den 60er Jahren, aber immerhin gab es diverse heiße Getränke, Kaffee und Kuchen und sogar ein Buffet mit warmen Speisen, an dem sich auch das Personal bediente. Nachdem wir uns einen Tisch am Fenster ausgesucht und Platz genommen hatten, ließen wir die Umgebung langsam auf uns wirken. Sie müssen wissen, dass mein Mann sein `täglich Brot´ als Innenarchitekt verdient und ständig mit der Gestaltung solcher Räumlichkeiten beschäftigt ist. Dieses Interieur gefiel ihm gar nicht. Wir waren uns einig darüber, dass es hier einiges zu tun gäbe. Am Tisch neben uns saßen zwei Männer, ein jüngerer und ein älterer, die sich angeregt unterhielten. Ich schnappte ein paar Wortfetzen auf, aus denen hervor ging, dass es sich hier um Vater und Sohn handelte. Der Vater war offensichtlich auch Patient dieser Klinik, denn er saß ganz leger im Jogginganzug in einem Rollstuhl, sogar in einem richtigen. Das nahm mein Mann zum Anlass gleich mit diesen Leuten ins Gespräch zu kommen. „Sie sind wohl Privatpatient?", sprach er den Älteren an. Der guckte verdutzt zu uns herüber und zögerte mit seiner Antwort. „Wieso?", kam dann die Gegenfrage. „Tja", meinte mein Göttergatte, „sehen Sie `mal, womit ich herum fahren muss, mit einer rollenden

Schüssel unterm Hintern. Für mich als Kassenpatient gab es nichts anderes." Amüsiert schüttelten die Männer die Köpfe und stimmten zu: „Das sind ja Zustände hier! Das geht ja gar nicht."

Sie schienen denselben Humor zu haben wie wir, man war auf gleicher Wellenlänge und das machte die beiden sympathisch. Nun schaute mein Mann den Jüngeren fragend an: „Irgendwie kommen Sie mir bekannt vor. Kann das sein?" Auch ich hatte das Gefühl den Mann, der ungefähr in meinem Alter war, zu kennen. „Ja, mir auch!", sagte ich spontan. Der Angesprochene lächelte charmant und meinte dann: „Ja, kann schon sein." Mein Mann grübelte laut: „Ja, woher kennen wir uns denn?" Nun schaltete ich mich wieder ein. Der Typ sah aus wie der Junge von nebenan und deshalb dachte ich, wir kennen uns vielleicht von früher. „Vielleicht aus Styrum?", fragte ich ihn.

Dazu muss man wissen, dass Styrum ein Stadtteil von Mülheim ist, der schon immer einen schlechten Ruf hatte, weil in ihm überwiegend die sogenannte sozial benachteiligte Bevölkerung wohnte. Schon in den 60er Jahren lebten dort viele Gastarbeiter und mittlerweile liegt der Ausländeranteil bei gefühlten neunzig

Prozent. `Multikulti´ ist ja ganz schön, aber wenn ich heute dort ´mal zum Einkaufen hinfahre, fühle ich mich ohne Kopftuch etwas unwohl.

Wir beide, mein Mann und ich, sind in diesem Stadtteil aufgewachsen. Unser Gesprächspartner anscheinend nicht, denn er schüttelte mit dem Kopf und sah mich verwirrt an. Sichtlich amüsiert über unser Kopfzerbrechen sagte er dann: „Raten Sie doch `mal!"

Wir standen ratlos da - wir kannten ihn, wussten aber nicht woher. Dann versuchte er uns auf die Sprünge zu helfen: „Ich gebe Ihnen ein Stichwort: Fußball." Aha, dachten wir beide, aber damit konnten wir jetzt auch nicht viel anfangen, denn weder mein Mann noch ich waren große Fußball-Fans. Allerdings hatte ich mich in den 70er und 80er Jahren etwas dafür interessiert. Nee, uns fiel sein Name einfach nicht ein. Da uns der uns bekannte Fremde sein Geheimnis offensichtlich nicht preisgeben wollte, verabschiedeten wir uns kurzerhand und ich schob meinen Gatten, freundlich grinsend, mit der fahrbaren Toilette am Tisch der drei Herren vorbei.

Als wir hinter der nächsten Ecke vor dem Fahrstuhl warten mussten, fiel bei mir der Groschen. „Jetzt weiß ich, wer das war!", sagte ich mit etwas Stolz in der Brust zu meinem Mann, **„Olaf Thon."**

„Jo, richtig, das war Olaf Thon!", stimmte er mir augenblicklich zu. Mensch; wir hatten Olaf Thon getroffen, einen berühmten Fußballspieler der deutschen Nationalmannschaft, Weltmeister von 1990, hier in der Unfallklinik Duisburg, was für ein Zufall. Angefangen hatte seine Karriere beim FC Schalke 04, bei dem er später Mitglied im Aufsichtsrat und im Marketing-Bereich tätig war. Olav Thon wurde 1966 in Gelsenkirchen geboren. Ob das Milieu, in dem er groß geworden war, mit dem in Styrum verglichen werden kann, weiß ich nicht, aber er ist nun ´mal ein Junge aus dem Kohlenpott und seinem Revier immer treu geblieben. Kein Wunder, dass er uns so bekannt vorkam.

# `Smalltalk´ im Pott

Freitag Morgen klingelte bei uns die Post-Botin, um uns ein Paket zuzustellen. Seit wir für uns das Internet-Shopping entdeckt haben, kommt dies immer öfter vor. Ich öffnete die Haustür und schaute in das mir bekannte Gesicht. Schon seit Jahren belieferte uns diese pflichtbewusste Person bei Wind und Wetter mit schönen Dingen, die wir bei diversen Händlern bestellt hatten. Da es an diesem Tag in Strömen regnete, sah mein Gegenüber entsprechend aus. „Wie ein begossener Pudel", dachte ich, denn ihre dauergewellte, kinnlange Frisur hing traurig herunter und es tropfte daraus. Sie schniefte und sah mich mit einem strahlenden Lächeln an: „Habe ein Päckchen für Sie!"

Diese kleine, dicke Frau – bei uns sagt man auch „so breit wie hoch" – war von Natur aus nicht gerade mit Schönheit bedacht. Selten empfinde ich einen Menschen als hässlich, aber diese Kreatur war es nun ´mal. Sie hatte dünnes, rot-blondes Haar, einen kugelrunden Kopf mit Schweinsäuglein, Knollnase und zwischen ihren schmalen Lippen blitzten Zähne mit breiten Zahnlücken auf. Trotz allem fand ich sie nett, weil sie stets einen freundlichen und gut gelaunten

Eindruck machte. Bemüht ihr ebenso freundlich entgegen zu treten, begann ich ein für den `Ruhrpottler´ typisches Gespräch:

„Na, wie isset?"

„Jaaa, ett muss, ne? – Und selbst?"

„Ja, auch!"

Da mir unser Gespräch ein wenig karg vor kam und mir die Frau im Regen leid tat, schob ich noch ein kurzes „Mist-Wetter heute!" nach.

„Jou, aber wenn`s schön macht…", war die prompte Antwort darauf. Mir verschlug es fast die Sprache; dass diese Person, die offensichtlich keinen Wert auf ihr Äußeres legte, für die Kosmetik und Schminke keinerlei Bedeutung haben konnte, das Wort `Schönheit´ überhaupt in den Mund nahm, damit hatte ich nicht gerechnet. Ich rang nach Fassung und ergänzte ihre Aussage:

„Jaja, wer schön sein will, muss leiden. So isset im Leben."

„Ja genau, aber wat will man machen? Da muss man durch."

Mich amüsierte ihre Schlagfertigkeit und beeindruckt von ihrem Lebensmut und ihrer guten Laune, trotz aller Widrigkeiten, wünschte ich ihr noch einen schönen Tag und besseres Wetter. „Ja gleichfalls", war die Retour und mit diesem Gruß eilte sie schon in Richtung Straße zu ihrem alten, silber-grauen Kombi. Irgendwie passte dieses verbeulte Fahrzeug zu ihrer gelb-blauen, wetterfesten Bekleidung. Oder auch nicht? Egal.

# Schnitzeltag

In unserer Stammkneipe, soweit man das überhaupt sagen kann, denn richtige Kneipengänger sind wir nicht, ist donnerstags immer Schnitzeltag. Dann bekommt man jedes Schnitzelgericht für sieben Euro neunzig und mittlerweile hat sich dieses Angebot herumgesprochen, so dass eine Reservierung nicht nur ratsam, sondern von den Wirtsleuten ausdrücklich erwünscht ist.

Besonders nett ist es hier im Sommer, wenn der Biergarten geöffnet ist und sich so nach und nach die Leute aus der Nachbarschaft einfinden und ins Gespräch kommen. Die Sonne scheint bis zum späten Abend auf die Terrasse und der Blick in den angrenzenden Wald ist einfach nur schön.

Um sechzehn Uhr wird das Lokal geöffnet und bis achtzehn Uhr sind alle Tische besetzt. Daher gehören wir zu den ersten Gästen, die schon kurz nach Vier erscheinen und um Fünf schon wieder weg sind; natürlich ohne Reservierung, denn die Entscheidung, heute ´mal essen zu gehen´, fällen wir spontan, auf jeden Fall aber immer donnerstags.

In diesem Sommer blieb mir ein Besuch in der „Schänke" besonders in Erinnerung: Um Punkt Vier betraten wir den sonnigen Biergarten, der sich hinter dem Haus befindet. Hier trafen wir auf das ältere Pächterehepaar in gemütlicher Runde mit Sohn und Enkelkind. Sie im Bikini, er in kurzer Hose und mit freiem Oberkörper. Als uns die Wirtin erblickte, war sie sichtlich überrascht. Die Situation schien ihr äußerst peinlich zu sein, denn sie sprang wie von der Tarantel gestochen hoch aus dem Stuhl, huschte in die Gaststätte und ward eine zeitlang nicht mehr gesehen. Den Männern dagegen war es egal. Wir wurden wie immer nett begrüßt und der Wirt nahm unsere Bestellung für die Getränke auf.

Es dauerte nicht lange, da waren noch einige andere Gäste eingetroffen und Ingeborg, die Wirtin, erschien angezogen und in gewohnter guter Laune draußen auf der Terrasse. Doch bevor sie sich nun den ersten Schnitzeln widmete, hatte sie offensichtlich noch eine wichtige Aufgabe zu erledigen. Ihr Mann Willibert saß wieder bequem auf seinem Stammplatz, einen mit Kissen und Decken ausgestatteten Gartenstuhl, der strategisch günstig vor dem Toilettenhäuschen stand. Hatte ich schon erwähnt, dass die „Schänke" anno 1898 erbaut wurde? Damals befanden sich die sanitären Anlagen im Außenbereich und so blieb es hier über die Jahre auch.

Willibert saß also in seinem Sessel, ihm gegenüber seine fürsorgliche Ehefrau, die seine Beine auf ihrem Schoß hielt und begann diese mit etwas einzureiben. Ein Duft von Anis und Alkohol schwebte zu uns herüber. „Mmm", bemerkte ich, „Was riecht denn da so angenehm?"

„Dat is Raki aus unserem letzten Urlaub", meinte Ingeborg, „dat beste Mittel bei Venenentzündungen. Kannich nur empfehlen."

Ich war sprachlos. Was für eine Situationskomik tat sich hier auf, direkt vor unseren Augen? Zuerst in aller Öffentlichkeit die Beine ihres Mannes massieren und dann ab in die Küche zum Schnitzelbraten, familiärer geht es nicht. Das ist `Ruhrgebiet pur´.

# Nachbarschaftstreffen

Meine Schwägerin M. erzählte mir unlängst von ihrem Einkaufserlebnis, das, wie ich meine, unbedingt weiter gegeben werden muss. Sie fuhr in der Früh so gegen Zehn mit dem Fahrrad zu dem nahe gelegenen Einkaufszentrum, wo sich ein Discounter neben dem anderen reiht. Ich glaube, die allgemein bekannten Firmen wie `Poldi, Lido, Penner, Netter und Co.´ müssen zu unserer Stadtverwaltung einen besonderen Draht haben, denn nirgendwo anders treten sie so gehäuft und zentriert auf wie in Mülheim an der Ruhr. Das Ortsbild ist dadurch teilweise so verschandelt, sogar in den gehobenen Vierteln, dass es dafür keine andere Erklärung geben kann.

Auf dem Weg dorthin traf sie einen Nachbarn, der täglich in seinem Vorgarten zu tun hatte. Schließlich wohnte man hier in einer gepflegten Gegend und da achtete man auf Sauberkeit vorm Haus. Jeden Tag wurde das Laub gefegt und wenn nötig, das Unkraut zwischen den Steinen beseitigt. Bei Wind und Wetter, wenn es sein musste, auf den Knien liegend bis in die späten Abendstunden. „So ein Spießbürger", dachte sich M., „aber nett war er schon."

Er grüßte freundlich und erkundigte sich nach dem Vorhaben der frühen Radlerin. Als er erfuhr, dass M. in Richtung `Poldi´ unterwegs war, meinte er schmunzelnd, seine Frau sei auch schon einige Zeit dort. M. fuhr auf den riesigen Parkplatz des Einkaufzentrums, stellte ihr Fahrrad ab und betrat den ersten Laden. Gleich hinter der Eingangstür begrüßte sie eine nette Dame, die soeben ihren Stand mit Alkoholika eröffnet hatte: „Hallo meine Dame! Darf ich Ihnen einen Prosecco anbieten?"

M. überlegte kurz, weil der Tag noch jung war und Prosecco am frühen Morgen nicht gerade zu ihren Gewohnheiten gehörte. Dann dachte sie aber, dass es nicht schaden könnte, ihren Kreislauf auf diese Art und Weise in Schwung zu bringen. Sie nahm das Angebot dankend an. Kaum hatte sie den ersten Schluck getan, gesellte sich eine andere Kundin dazu, die ebenfalls von der Dame am Eingang angesprochen worden war. Ihr wurde ein Mixgetränk angeboten, Prosecco mit einem Schuss höherprozentigen Likör. „Oh, das möchte ich aber auch ´mal probieren!", hörte sich M. selber sagen, und prompt bekam sie ein neues Glas mit eben diesem Cocktail gereicht. „Mmm, schmeckt gut!", meinten die Testerinnen wie aus einem Munde. „Ja, vielleicht möchten Sie noch etwas anderes probieren?", beeilte sich die geschäftstüchtige Verkäuferin, „hier habe ich für Sie noch eine andere Geschmacksrichtung! Vielleicht sagt Ihnen diese eher zu?"

„Ja, warum nicht?", kam es M. über die Lippen, wobei sie schon eine leichte Wirkung des Alkohols feststellte. „Ja gerne", bemerkte die andere, „ich möchte das auch." „Ja", waren sich die beiden Frauen einig, das schmecke gut und könne von ihnen weiterempfohlen werden. Es dauerte nicht lange, da hatte sich um den Stand herum eine kleine Menschentraube gebildet, alles Frauen im mittleren Alter, die ihren Alltag entweder als Hausfrauen fristeten oder heute einfach ´mal frei hatten und ihren wöchentlichen Einkauf erledigen wollten, so wie M.

Nach dem dritten Gläschen löste sich M. von der Gruppe und schob mit ihrem Einkaufswagen etwas unsicher durch das Geschäft. Die wichtigsten Dinge hatte sie noch im Kopf und dann im Wagen. So schnell wie heute war sie schon lange nicht mehr. Sie war froh schnell durch die Kasse zu sein und dann raus an die frische Luft. Irgendwie war ihr komisch zumute. Doch bevor sie den Laden verlassen konnte, traf sie auf eine alte Schulfreundin, die sie über Jahre nicht gesehen hatte. Dementsprechend groß war die Freude und ließ meine Schwägerin ihr Unwohlsein augenblicklich vergessen:

„Hey, das ist ja ein Zufall!"

„Ja, Mensch, wie lange ist das her?"

„Hast du jetzt Zeit?"

„Jetzt? - Ja klar, warum nicht?"

Und M. kam in den Sinn: „Komm, lass uns da drüben zusammen ein Gläschen Prosecco trinken!"

Die beiden Frauen bewegten sich zurück zum Getränkestand, wo sie auf die Ehefrau des freundlichen Nachbarn trafen. Diese war mit ihren geröteten Wangen schon sichtlich beschwipst und in guter Laune. Als sie das bekannte Gesicht meiner Schwägerin entdeckte, hielt sie ihr aufmunternd ein Glas entgegen und lallte: „Ein Glässs-chen am Morgen, vertreibt Kumma und Soargen! Hicks!" „Genau", stimmte ihr M. zu, „und ein zweites kann auch nicht schaden, oder Frau Baumeister?". Die Nachbarin kicherte verschmitzt und genoss nun in Gesellschaft der beiden neuen Probantinnen für Prosecco zu sein. Die nette Promoterin schien meine Schwägerin nicht wieder zu erkennen. Bei den vielen Gesichtern, die sie am Tag zu sehen bekam, konnte sie sich nicht jedes einzelne merken und deshalb bot sie den beiden Frauen sogleich eine Kostprobe an. „Meine Damen, darf es für Sie ein Gläschen Prosecco sein?", fragte sie erneut. Dabei war sie überaus nett, so freundlich und zuvorkommend wie vor einer Stunde.

„Ja warum denn nicht!", waren sich die Freundinnen gleich einig, und Frau Baumeister ließ sich auch nochmal bereitwillig nachschenken. Der Vormittag verging wie im Fluge; die Frauen schwatzten miteinander und bemerkten nicht mehr wie viel sie schon `intus´ hatten.

Nach dem gefühlten fünften Glas machte sich M. dann auf den Weg nach Hause. Vorsichtshalber schob sie ihr Fahrrad. Ihre Nachbarin `hatte sie im Schlepptau´, das heißt sie hatte Frau Baumeister davon überzeugt ihr Auto stehen zu lassen und mit ihr zusammen nach Hause zu gehen, und für den Fall, dass sie ins Schwanken käme, solle sie sich am Gepäckträger ihres Rades festhalten. Zurück in ihrer Straße trafen sie auf Herrn Baumeister, der seine Frau mit argwöhnischem Blick von oben bis unten begutachtete, um sie anschließend ins Innere seines Hauses zu schieben.

Bevor er die Tür hinter sich verschloss, entschuldigte er sich noch bei M. für das Benehmen seiner Gattin.

# Mit Bus und Bahn durchs Ruhrgebiet

Das NRW-Ticket ist eine schöne Sache; damit hat meine Tochter als eingeschriebene Studentin freie Fahrt in allen öffentlichen Verkehrsnetzen innerhalb Nordrhein-Westfalens. Von Aachen bis Warburg, von Bonn nach Münster, mit Bussen, Straßenbahnen, S- oder U-Bahnen und den Regionalzügen der Deutschen Bahn AG kommt sie überall hin, und fast täglich gibt es dabei Erlebnisse, die manchmal zum Weitererzählen geeignet sind: Zum Beispiel von den zahlreichen Bahnhöfen in den Ruhrgebietsstädten, die ein mehr oder weniger hässliches Bild abgeben, je nach Sauberkeit und Renovierungszustand. Erlebnisreich sind auch die jeweiligen Toiletten dort oder die WC´s in den Zügen, die meistens nicht benutzt werden können, weil sie dermaßen verschmutzt und für die Fahrgäste unzumutbar sind.

Oder weil sie erst gar nicht vorhanden sind, so wie es in meiner Heimatstadt `Mülheim´ jahrzehntelang war. In der `sympathischen Stadt an der Ruhr´(?) gab es seit über dreißig Jahren keine öffentlich Bahnhofstoilette. Wer ´mal musste, bevor er in den Zug steigen wollte, hatte Pech. Die Stadtverwaltung sah sich nicht in der Verantwortung und die Deutsche Bahn AG argumentierte wie so oft, dass kein Geld für eine Renovierung da sei. Auf Nachfrage bekamen die Fahrgäste zur Antwort, sie könnten ihre Notdurft ja in dem nahe gelegenen Einkaufszentrum verrichten. Der Weg dorthin beträgt zu Fuß etwa fünf Minuten, zurück wieder fünf Gehminuten, Geschäft erledigen nochmal fünf Minuten - da wurde das `Austreten´ innerhalb eines festgelegten Fahrplans schnell zu einer logistischen Herausforderung, der nicht jeder Fahrgast gewachsen war. Tja, und wie sieht es dort heute aus? Nach einer Bauzeit von ungefähr sieben Jahren wurde für rund 600.000 Euro eine Toiletten-Anlage installiert, die als teuerstes Klo von NRW gilt. Da die Anlage von einer privaten Firma betrieben wird, gibt es bestimmte Öffnungszeiten, werktags von sieben bis neunzehn Uhr, samstags bis achtzehn und sonntags von neun bis siebzehn Uhr. Aber wehe dem, der vorher oder nachher muss!

Spannender sind jedoch die Geschichten über die Menschen, auf die man täglich treffen kann. Da gibt es neben den scheinbar normalen viele kranke und verrückte Leute, die meistens durch abnormes Aussehen oder Verhalten auffallen. Wenn es sich so verhält, hat man die Möglichkeit ihnen aus dem Weg zu gehen. Bei Exhibitionisten ist das schon eine andere

Sache; sie tauchen gerade dann auf, wenn die Opfer am wenigsten damit rechnen und nicht wissen, wie sie mit der Situation umgehen sollen. Gerade diese Schrecksekunde ist wohl der `Kick´ an ihrer Tat. Meine Tochter erzählte mir unlängst von so einem Vorfall: Auf dem Essener Hauptbahnhof, zu später Stunde, als kaum noch Leute unterwegs waren, sah sie auf dem gegenüber liegenden Bahnsteig einen Mann, der sein Genital entblößte und durch eindeutige Gesten auf sich aufmerksam machte. Als sie ihn entdeckte, zückte sie demonstrativ ihr Handy aus der Tasche und rief die Polizei an. Außerdem wendete sie sich an das Ordnungspersonal des Bahnhofs. Der eklige Typ hatte sich sofort aus dem Staub gemacht und wurde an diesem Ort hoffentlich auch nicht mehr gesehen.

Leider gibt es noch viele andere `Bekloppte´, denen ihr Handicap auch nicht gleich anzusehen ist. Oft trifft man auf diejenigen, und von denen gibt es ´ne ganze Menge, die einem ihr ganzes, armseliges, womöglich von Krankheiten und Schicksalsschlägen erfülltes Leben, ins Ohr quatschen, ob man das hören will oder nicht, nur, weil man ihnen einen freundlichen Blick zu viel gegönnt hat. Wurde man zur Höflichkeit erzogen, so wie ich oder meine Kinder, fühlt man sich gezwungen, zuzuhören, statt den Quälgeist einfach stehen zu lassen und sich selbst zu überlassen.

Meine Tochter hatte im Laufe ihrer Studienzeit viele absurde Geschichten zu erzählen, eine Begebenheit trug sich folgendermaßen zu: Sie hatte in einer völlig überfüllten S-Bahn einen Sitzplatz ergattert; ihr gegenüber saß ein für sie uninteressanter Mann. Von ihrem Platz aus entdeckte sie eine Frau mittleren Alters mit ganz normalem Aussehen, die im Gang inmitten der vielen Fahrgäste stand. Um einen festen Halt zu haben, lehnte sie sich an die Scheibe in der Bahn. Mit einer Hand umfasste sie verkrampft ihre Handtasche, mit der anderen Hand kramte sie eine Zeitlang in ihrer Manteltasche herum. Auf einmal holte sie einen Gegenstand heraus, den meine Tochter nicht sofort erkennen konnte. Neben den vielen, konfusen Gerüchen, die sich sowieso in einem Zug mit unzähligen Menschen versammeln und höchst unangenehm sein können, weil es nicht jeder mit der Körperhygiene so ernst nimmt, lag nun noch ein Duft von Leberwurst in der Luft. Als die besagte Frau jetzt auch noch anfing an dem rätselhaften Ding zu `zuzzeln´, wie der Bayer es bei einer Weißwurst sagen würde, war das Geheimnis gelüftet. Es handelte sich offensichtlich um eine fettige Leberwurst mit Pelle, die ja eigentlich als Brotaufstrich gedacht war, nun aber im Ganzen von dieser Frau genüsslich und in geräuschvoller Weise aus ihrer Verpackung heraus gelutscht wurde.

Der Anblick verursachte meiner Tochter Ekel und Übelkeit, aber gleichzeitig auch das Gefühl lauthals vor Lachen `losprusten´ zu müssen; sozusagen eine Situation zwischen Weinen und Lachen, so absurd und so komisch zugleich. Kaum auszuhalten. Und wäre das nicht schon schlimm genug gewesen, wurde die Lage noch abartiger, als sich der Typ, der meiner Tochter gegenüber saß, wohl von der allgemein herrschenden guten Laune in dem Zugabteil animiert fühlte, sie unsittlich anzubaggern.

# Der Heisterkamp

## Ein historischer Roman aus dem Ruhrgebiet

von Ruth Zimmermann-Heckmann

ISBN 978-3-8482-1576-8   BoD Verlag 2012,

auch als E-Book erhältlich

*\*\*\**

Im Jahr 1780 macht sich ein junger Schäfer namens Thieß aus dem katholischen Münsterland auf den Weg ins Ruhrgebiet, um dort ein neues Leben zu beginnen. Er ist mehrere Tage unterwegs in eine unbekannte Zukunft und trifft auf seiner Wanderung auf einige Personen, die in seinem weiteren Leben noch eine Rolle spielen werden. Die Nächte verbringt er meistens im Freien, was in diesen unruhigen Zeiten gefährlich ist. Thieß verschlägt es zunächst nach Ruhrort und dann nach Duisburg, wo er als Tagelöhner sein Geld verdient. Nachdem er gute Anstellung in einer Tabakfabrik bekommt, kann er sich in der Stadt sogar ein Zimmer leisten.

Beim sonntäglichen Kirchgang trifft Thieß auf Anna Rennebaum. Sie ist die siebzehnjährige Tochter einer bäuerlichen Familie aus Hessen-Darmstadt, die sich in der neuen Siedlung „Friedrichsdorf" bei Duisburg eine bescheidene Existenz aufgebaut hat. Die beiden jungen Leute verlieben sich ineinander und wissen schon bald, dass sie füreinander geschaffen sind.

Bald scheinen sich alle Wünsche des jungen Mannes zu erfüllen, da gerät er durch unglückliche Umstände unter Verdacht einen Mord in der „Grafschaft Styrum" begangen zu haben. Preußische Beamte verschleppen ihn in die „Herrschaft Broich", wo er vor dem Schöffengericht zum Tode verurteilt wird und über Tage in einer Zelle eingesperrt bleibt. Schreckliche Stunden vergehen, in denen er auf seine Hinrichtung wartet und ihn seine Gefühle fast um den Verstand bringen.

**Verlassenes Ostpreußen**

**Ein historischer Roman aus dem 19. Jahrhundert**

von Ruth Zimmermann-Heckmann

ISBN 978-3-7357-6069-2  BoD Verlag 2014,

auch als E-Book erhältlich

\*\*\*

Ostpreußen im 19. Jahrhundert; politische Reformen lassen sich unter der preußischen Monarchie, die die Klassengesellschaft aufrecht erhalten will, nur schlecht umsetzen. Mit der fortschreitenden Industrialisierung verändert sich das gesellschaftliche Bild; es kommt zu einem Umbruch, der sich vor allem in der Arbeitswelt zeigt und zu einem sozialen Wandel führt. Die Arbeiterschicht wehrt sich gegen Ausbeutung und soziale Ungerechtigkeit und lehnt sich gegen die Obrigkeit auf. Immer mehr Menschen verlassen ihre Heimat und flüchten aus den ländlichen Regionen in die industriellen Zentren, in der Hoffnung dort ein besseres Leben und eine besser bezahlte Arbeit zu finden. Viele emigrieren nach Amerika. Die kleinbäuerliche Familie Habermann lebt im Kreis Labiau im Regierungsbezirk Königsberg. Es sind einfache Leute, hart arbeitende Landarbeiter, die wie der größte Teil der Bevölkerung in armen und bescheidenen Verhältnissen ihr Dasein fristet. Der Verdienst ist schlecht und eine Verbesserung der Missstände ist nicht in Sicht. Die Habermanns wandern um die Jahrhundertwende vom Kurischen Haff ins Ruhrgebiet, wo sie eine neue Heimat finden. Die Reise dorthin ist beschwerlich und voller Überraschungen…